Les Banquiers

Il faut bien que la banque croûte

DESSIN

ERIC MILLER

SCÉNARIO

PERCHE

COULEURS

DAVID LUNWEN

VENTS D'OUEST

À Anaïs.

E. Miller

31-33, rue Ernest-renan
92130 ISSY-LES-MOULINEAUX
www.ventsdouest.com

Dépôt légal : août 2004
Achevé d'imprimer en France en août 2004
par *Partenaires-Livres®*

LE DIRECTEUR GENERAL

Il est la lumière. Il est le soleil. Il est le maître absolu du Crédit National du Pays, la banque qui emploie Manfred. Tout le monde s'incline sur son passage car il a droit de vie et de mort sur ses serfs, autrement dit ses employés.
Il condescend parfois à se mêler à la vie de l'agence mais, soyons francs, le moins possible.
Car si l'argent n'a pas d'odeur, ce n'est pas le cas de ses collaborateurs!

MANFRED

Directeur d'agence du Crédit National du Pays. Manfred fait partie d'une race particulière de personnel encadrant : les cadres botanistes.
En effet, il est à la fois responsable de son agence et éleveur de courges.
Les courges de Manfred sont impropres à la consommation, à part peut-être dans certains endroits du fin fond de la jungle de Bornéo. Ses courges sont ses collaborateurs : conseiller, vigile, secrétaire, etc...

LINDA

Ah, Linda ! C'est la plus jolie des courges ! Une pure merveille de cucurbitacée ! Elle a été embauchée par Manfred alors qu'elle est une femme... Car il faut dire que le monde de la banque est un monde d'hommes.
Les banquiers pensent que l'argent est une affaire trop sérieuse pour la confier aux femmes.
Et Linda est la démonstration que même les banquiers peuvent se tromper !
Et puis des courges comme ça, on aimerait en avoir plein son jardin...

COURTIER

Courge la plus mûre, Courtier est le plus expérimenté des conseillers de l'agence. A ce titre, il est le premier à souffrir des exigences de Manfred. Courtier reste pourtant stoïque et courtois. Il faut dire qu'il est banquier jusqu'au bout des ongles: propre sur lui, un peu désuet, d'excellent conseil... enfin parfois. Car, ne vous y trompez pas, les conseils de Courtier n'ont qu'un objectif : atteindre le niveau de production imposé par sa hiérarchie.
Et si pour cela il doit vous vendre sa chemise, alors c'est torse nu qu'il vous raccompagnera à la porte de l'agence !

VIRGILE

C'est le personnage qui se rapproche le plus de la courge par l'esprit. Soyons clair, il n'a pas une grande intelligence. Cela ne l'empêche pas de faire son métier avec cœur.
Car, Virgile c'est de la courge haut de gamme, de la courge qui peut rester immobile des heures durant à la porte du potager... heu... de l'agence. Par contre, si un malfrat tente d'entrer dans l'agence, il se rend vite compte que Virgile, c'est de la courge survitaminée et qu'en comparaison, Cerbère est un caniche nain. Vous l'avez compris, Virgile est le vigile...

BONJOUR MONSIEUR !
!!
HEU, MONSIEUR LE DIRECTEUR, JE CROIS QUE J'AI BESOIN DE VOUS...
MAIS, QU'EST-CE QU'IL NOUS VEUT, CELUI-LÀ ?!
SI VOUS VOULEZ, JE PEUX VOUS TRADUIRE, JE PARLE LE LANGAGE DES SIGNES !
BEN AVEC PLAISIR, CHÈRE MADAME, CAR J'AVOUE POUR UNE FOIS MON INCOMPÉTENCE.
JE SUIS SOURD-MUET...
VOILÀ... JE TRAVAILLE DANS UN ATELIER D'HANDICAPÉS...
ÇA, JE CROIS QUE J'AVAIS COMPRIS !
JE GAGNE 800 €UROS PAR MOIS, C'EST UN PEU MOINS QUE LE SMIC, MAIS COMME ÇA JE NE PAIE PAS D'IMPÔTS.
JE VOUDRAIS ACHETER UNE MAISON. IL FAUDRAIT QUE JE PRENNE UN CRÉDIT DE 37 000 €UROS !
!
OUAH, CHEF ! VOUS APPRENEZ VITE LE LANGAGE DES SIGNES !
PFRRT
MOLLER/PERCHE

Le Bon Samaritain

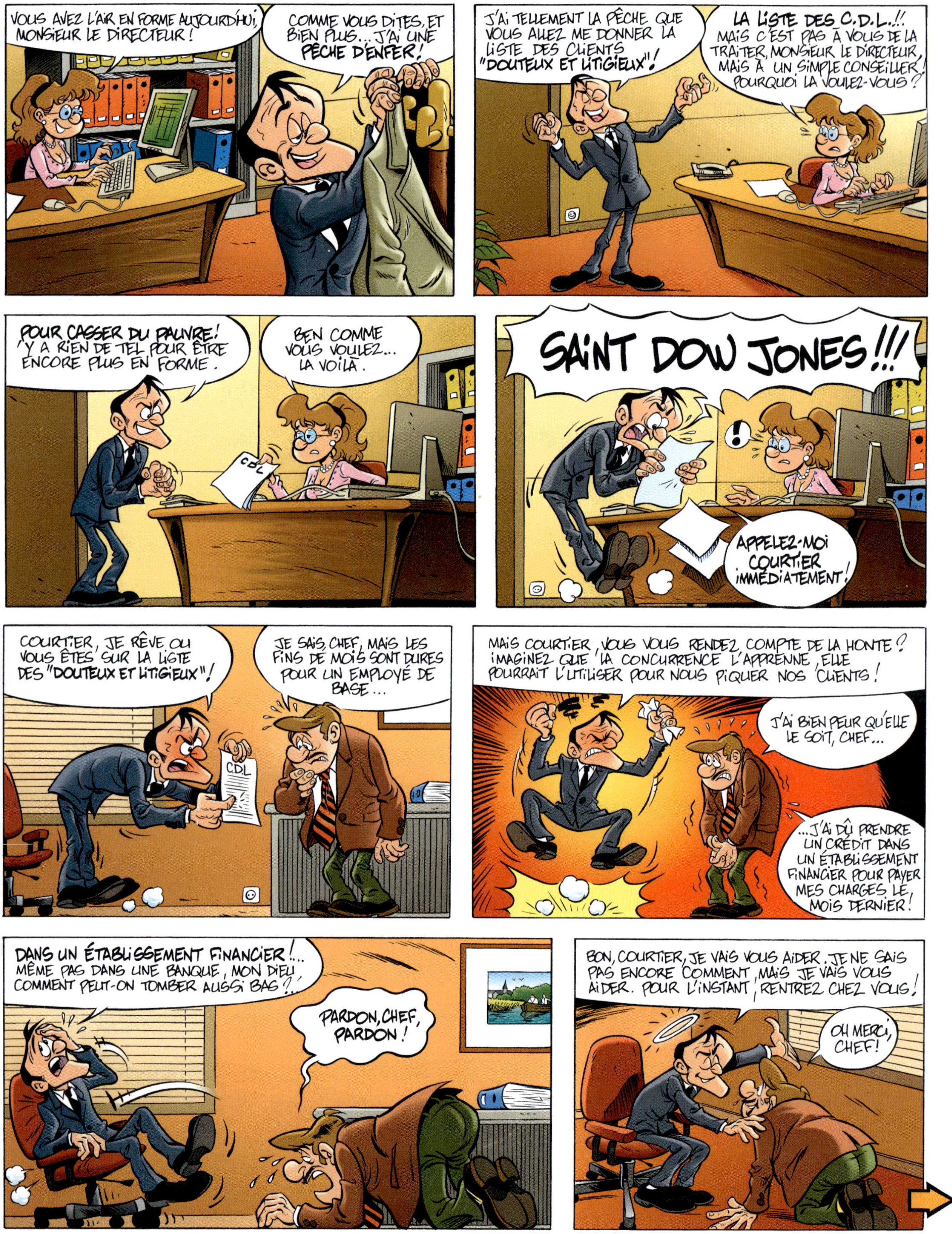

VOUS ÊTES MONSIEUR COURTIER?
C'EST BIEN MOI, MAIS QUE PUIS-JE POUR VOUS?
?!
C'EST MONSIEUR MANFRED QUI M'ENVOIE. JE SUIS LÀ POUR VOUS AIDER.
JE SAIS QUE LE CHEF VEUT QUE JE M'EN SORTE, MAIS C'EST IMPOSSIBLE, MONSIEUR, JE SUIS COMPLÈTEMENT DANS LA PANADE!
J'EN SUIS À UN STADE OÙ JE SUIS OBLIGÉ D'EMPRUNTER POUR REMBOURSER LES EMPRUNTS QUE J'AI CONTRACTÉS...
MANFRED ET MOI SAVONS TOUT ÇA, MONSIEUR COURTIER, ET JE VOUS ASSURE QU'ON VA VOUS EN SORTIR!
OUAIS, BEN JE NE VOIS PAS COMMENT...
AYEZ CONFIANCE, C'EST MON MÉTIER ET C'EST POUR ÇA QUE MONSIEUR MANFRED M'ENVOIE!
AH BON,.. ET C'EST QUOI VOTRE MÉTIER?
CLAC
illico & Co
HUISSIER DE JUSTICE!
VOS ENNUIS SONT DERRIÈRE VOUS! BIENTÔT VOUS NE DEVREZ PRESQUE PLUS RIEN!!
!
?
DÉMÉNAGEMENTS
illico & Co
MILLER/PERCHE

Ordonnance

MONSIEUR MANFRED, C'EST À VOUS !
SOS SAVE OUR SECU !
SECU
ALORS, MONSIEUR MANFRED, QU'EST-CE QUI VOUS AMÈNE ?
JE FAIS MALAISE SUR MALAISE, DOCTEUR !
ET ÇA VOUS PREND QUAND ?
?!
ARGLL
N'IMPORTE QUAND ET PARTOUT, DOCTEUR... C'EST ENCORE ARRIVÉ IL Y A 10 MINUTES, CHEZ LE BOULANGER !
JUSTE AVANT, ÇA M'A PRIS À LA MAISON DE LA PRESSE, AU SUPERMARCHÉ, AVEC MA FEMME AU RESTAURANT, CHEZ LE GARAGISTE ET MÊME AU CINÉMA...
BON. JE VAIS VOUS AUSCULTER.
ET VOUS FAITES QUOI, COMME MÉTIER ?
JE SUIS BANQUIER, DOCTEUR.
MOUAIS. POURTANT C'EST PAS STRESSANT, COMME MÉTIER...
N'EMPÊCHE, JE FAIS MALAISE SUR MALAISE, DOCTEUR, ÇA PEUT ALLER JUSQU'À LA SYNCOPE, COMME CE MATIN CHEZ LE BOUCHER !
ÉCOUTEZ, L'EXAMEN EST NORMAL. PAR PRUDENCE, JE VAIS VOUS PRESCRIRE DU "CALGON" 3 FOIS PAR JOUR...
TAP TAP
DU "CALGON" ?!
OUI, VOUS VERREZ, C'EST TRÈS BIEN CONTRE LES CRISES DE CALCAIRE... VOILÀ VOTRE ORDONNANCE.
MERCI DOCTEUR.
ÇA FERA 30 EUROS S'IL VOUS PLAÎT.
30 €UROS ! AARGLL ÇA ME REPREND !!
?!
MÜLLER/PERCHE

Le Banquier

JE RETOURNE AU BUREAU, CHÉRIE !
OK, MAIS N'OUBLIE PAS DE ME LAISSER 20 €UROS !...
ET MES 20 €UROS !
UNE PETITE PIÈCE ?
CLING CLING
NON, NON, ÇA ME GÊNE. VOUS EN AVEZ PLUS BESOIN QUE MOI, GARDEZ VOS PIÈCES !
CLING
?
ARMÉE DU SALUT
MONSIEUR S'IL VOUS PLAÎT !
DILING DILING
MAIS NON, VRAIMENT, N'INSISTEZ PAS !
Crédit National du
AH, BONJOUR COURTIER, VOUS M'OFFREZ UN CAFÉ ?
CAFÉ
?!
DITES DONC, CHEF, VOUS PLAISANTEZ !! VOUS PAYER UN CAFÉ ALORS QUE VOUS GAGNEZ 3 FOIS PLUS QUE MOI ?...
COURTIER, ÔTEZ-MOI D'UN DOUTE...
QUOI, CHEF...
...VOUS NE SERIEZ PAS UN PEU RADIN ?
!
MILLER/PERCHE

Q.H.S.

VOILÀ, MONSIEUR DAUMAS, NOUS POUVONS VOUS PROPOSER DES COFFRES SIMPLES, DOUBLES OU QUADRUPLES... L'AGENCE A UNE CLEF COMMUNE À TOUS LES COFFRES, ET VOUS, UNE CLEF DE SÉCURITÉ CORRESPONDANT AU COFFRE QUE VOUS LOUEZ...
BON, JE VAIS VOUS LOUER UN COFFRE DOUBLE, ÇA DEVRAIT SUFFIRE. C'EST POUR METTRE À L'ABRI QUELQUES OBJETS POUR LA DURÉE DES VACANCES.
VOILÀ, VOUS POUVEZ PRENDRE LA 237, À CHAQUE FOIS QUE VOUS DEVREZ ALLER À VOTRE COFFRE, VOUS ME DEMANDEREZ LA CLEF.
ET JE DESCENDS SEUL À LA SALLE DES COFFRES. J'AI BIEN COMPRIS, MONSIEUR MANFRED !
236
238
301
UN PEU PLUS TARD...
VOUS ME PASSEZ LA CLEF DE LA SALLE DES COFFRES, MANFRED ?
!
HEU... VOUS ME RENDEZ LES CLEFS, MONSIEUR DAUMAS ?
PFFOU... DEUX SECONDES, J'AI ENCORE QUELQUES BRICOLES À METTRE.
PFF... VOUS POUVEZ... PFF... ME TENIR LA PORTE ? PFF...
!?!
PAS ENCORE, PAS ENCORE !
J'AI BIENTÔT FINI !
!
TENEZ, VOS CLEFS ! PURÉE, J'EN AI BAVÉ !...
!!?
MILLER/PERCHE

!?
ATTENDEZ, JE VAIS VOUS AIDER, MONSIEUR DAUMAS !
!?!
HAN
!
AH, MONSIEUR MANFRED, JE SUIS CONTENT DE VOUS VOIR !... VOUS POUVEZ ME DONNER LA CLEF DE LA SALLE DES COFFRES ?
MONSIEUR DAUMAS, VOUS ÊTES MON MEILLEUR CLIENT ET CROYEZ BIEN QUE JE NE VEUX PAS VOUS CONTRARIER, MAIS ÊTES-VOUS SÛR QUE CE DIVAN VA RENTRER DANS VOTRE COFFRE ?
MMH
MOUAIS, VOUS AVEZ PEUT-ÊTRE RAISON !...
...JE VAIS VOUS LOUER UN DEUXIÈME COFFRE, C'EST PLUS PRUDENT !
!!
MILLER/PERCHE

Faute d'autographe

MAGNEZ-VOUS! J'ENTENDS UNE SIRÈNE DE POLICE...
WOUIIIIIIIOUU
WOUIIIIIIIOU
HONKY TONK WOMAN
rédit Natio
WOOUIIIIIIOU
POLICE
ICI LE COMMISSAIRE HENRI! VOUS N'AVEZ AUCUNE CHANCE! VOUS ÊTES CERNÉS!
ON A DES OTAGES! SI VOUS NE DÉGAGEZ PAS, ON LES FLINGUE LES UNS APRÈS LES AUTRES!...
HONKY TONK WOMAN
NON!
TOI, PAR ICI, TU NOUS SERVIRAS DE BOUCLIER HUMAIN!
GLOUPS!
COMMENT, NON!?
PRENEZ-MOI PLUTÔT... JE SUIS LE DIRECTEUR DE LA BANQUE. CET HOMME A MOINS D'INTÉRÊT.
PAS DE FAUX MOUVEMENTS, LES FLICS, OU LE DIRECTEUR Y PASSE!
NE TIREZ PAS! JE RÉPÈTE NE TIREZ PAS!!
ALLEZ, FISSA, LES GARS, FISSA!!
ON EN A POUR UNE FORTUNE, CHEF!!!
ALORS, MONSIEUR LE HÉROS, J'AIMERAIS BIEN SAVOIR POURQUOI VOUS VOUS ÊTES PORTÉ VOLONTAIRE?...
PARCE QUE JE PEUX VOUS GARANTIR DU 5% NET SUR 10 ANS!...
...SI ÇA VOUS INTÉRESSE, VOICI MA CARTE!
MILLER/PERCHE

Hausse épice

HO, JE LES APPELLE DE SUITE !
PIOUT PIUT PIOUT
INUTILE, ILS PARTAIENT EN CROISIÈRE CET APRÈS-MIDI, VOUS N'ARRIVEREZ PAS À LES JOINDRE !
AVEC MON ARGENT ?!
BEN VOUS SAVEZ, VOTRE FILS EST AU CHÔMAGE, ALORS IL NE ROULE PAS SUR L'OR !
OH LES SACRIPANTS !! LES BANDITS, LES GOUGNAFIERS !!!
AH...! Y AURAIT BIEN UN MOYEN POUR ÉVITER TOUT ÇA, MADAME CHOMBERT.
LEQUEL ?
OUVRIR UN PEP'S... VOUS VERSEZ 100 000 EUROS, SOIT TOUTE VOTRE FORTUNE. C'EST BLOQUÉ PENDANT 10 ANS ET PERSONNE NE PEUT PLUS Y TOUCHER. D'ICI 10 ANS, VOUS SEREZ LARGEMENT MORTE !
JE ME SUIS PERMIS DE VOUS PRÉPARER LE BON DE SOUSCRIPTION...
DONNEZ, JE SIGNE !
PEP'S
YES !!
SCRITCH
EH BIEN MERCI, MADAME CHOMBERT... BONNE JOURNÉE, MADAME CHOMBERT !
PEP'S
!
AVENANT, VOUS QUI DÉBUTEZ DANS LE MÉTIER, RETENEZ CECI : TOUT EST DANS LE CONSEIL !
VOUS ÊTES IMPRESSIONNANT, CHEF !
PEP'S
CLAP CLAP
MILLER/PERCHE

Hausse épice amère

Le Suisse

BONJOUR MONSIEUR MANFRED, POURRAIS-JE DISPOSER DES CLEFS DE LA SALLE DES COFFRES ?
BIEN SÛR MONSIEUR DAUMAS, AVEC PLAISIR !
SALLE DES COFFRES
SALLE DES COFFRES
!?
HEU, MONSIEUR DAUMAS, VOUS N'ALLEZ PAS SORTIR COMME ÇA ! VOUS RISQUEZ DE VOUS FAIRE AGRESSER.
VOUS CROYEZ ? MALHEUREUSEMENT, IL LE FAUT !
CLAC
!
BON, ÉCOUTEZ, JE COMPRENDS. COMME VOUS ÊTES MON MEILLEUR CLIENT, JE VAIS VOUS ESCORTER AVEC VIRGILE. JE NE VOUDRAIS PAS QU'IL VOUS ARRIVE MALHEUR !
VOUS AI-JE DÉJÀ DIT QUE NOUS AVIONS D'EXCELLENTS PLACEMENTS ? QUAND JE VOIS TOUT CE LIQUIDE, JE ME DIS QUE C'EST DOMMAGE DE NE PAS LE FAIRE TRAVAILLER !
AH BON, ET QUEL RENDEMENT, VOS PLACEMENTS ?
Crédit National du Pays
CLAC
5% NET L'AN, UNE VÉRITABLE AUBAINE.
MOUAIS, C'EST PAS MAL...
MAIS BON, JE SUIS SÛR QUE VOUS POUVEZ MIEUX FAIRE.
VOILÀ, JE SUIS ARRIVÉ...
BANQUE ETAITOI
...SURTOUT QU'ICI, ON M'OFFRE DU 7%... MERCI DE M'AVOIR ACCOMPAGNÉ !
AAARG
Miller / Perche

Mate-la !

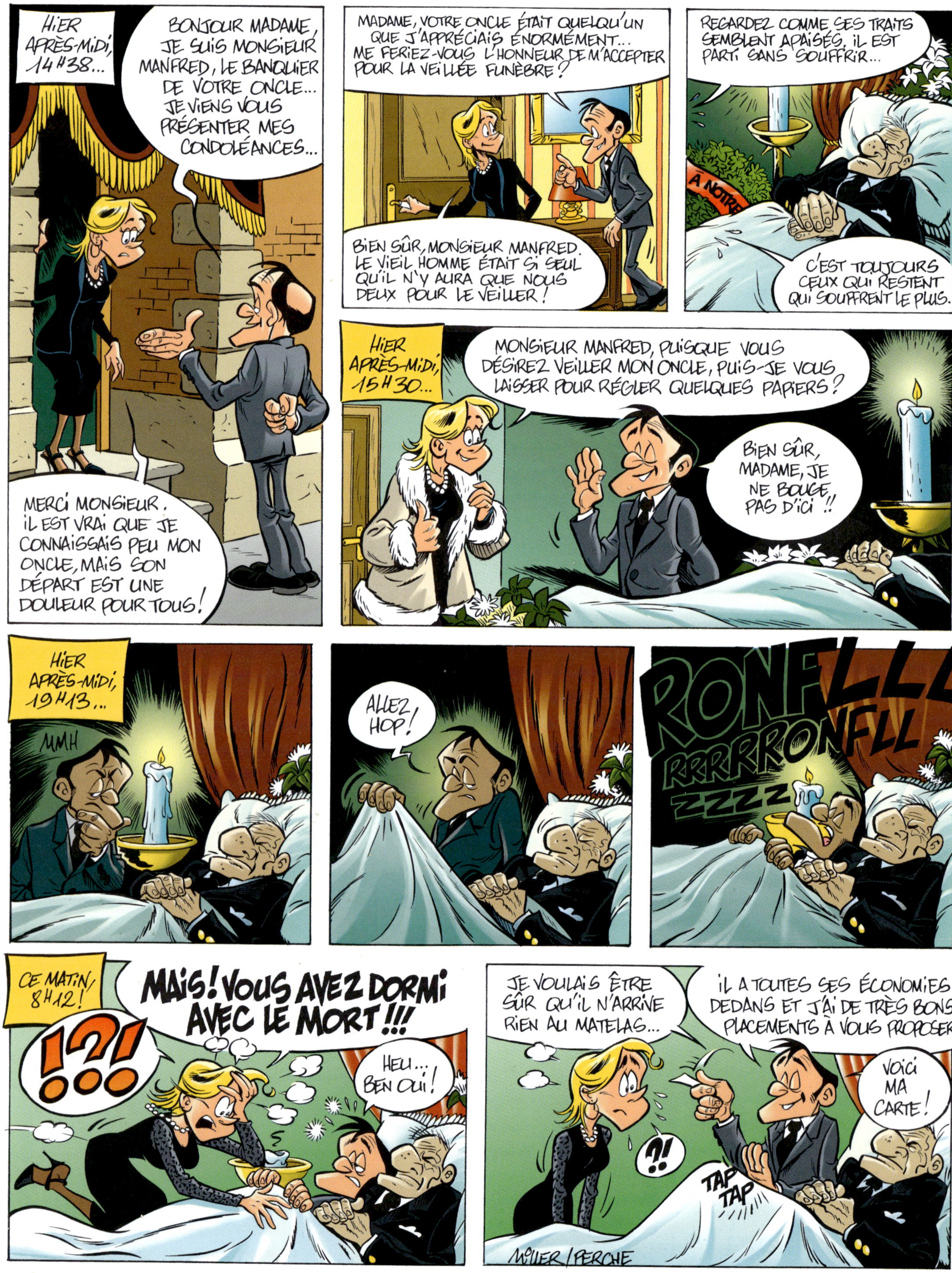

HIER APRÈS-MIDI, 14H38...
BONJOUR MADAME, JE SUIS MONSIEUR MANFRED, LE BANQUIER DE VOTRE ONCLE... JE VIENS VOUS PRÉSENTER MES CONDOLÉANCES...
MERCI MONSIEUR. IL EST VRAI QUE JE CONNAISSAIS PEU MON ONCLE, MAIS SON DÉPART EST UNE DOULEUR POUR TOUS !
MADAME, VOTRE ONCLE ÉTAIT QUELQU'UN QUE J'APPRÉCIAIS ÉNORMÉMENT... ME FERIEZ-VOUS L'HONNEUR DE M'ACCEPTER POUR LA VEILLÉE FUNÈBRE ?
BIEN SÛR, MONSIEUR MANFRED. LE VIEIL HOMME ÉTAIT SI SEUL QU'IL N'Y AURA QUE NOUS DEUX POUR LE VEILLER !
REGARDEZ COMME SES TRAITS SEMBLENT APAISÉS, IL EST PARTI SANS SOUFFRIR...
À NOTRE
C'EST TOUJOURS CEUX QUI RESTENT QUI SOUFFRENT LE PLUS.
HIER APRÈS-MIDI, 15H30...
MONSIEUR MANFRED, PUISQUE VOUS DÉSIREZ VEILLER MON ONCLE, PUIS-JE VOUS LAISSER POUR RÉGLER QUELQUES PAPIERS ?
BIEN SÛR, MADAME, JE NE BOUGE PAS D'ICI !!
HIER APRÈS-MIDI, 19H13...
MMH
ALLEZ HOP !
RONFLLL
RRRRRONFLL
ZZZZ
CE MATIN, 8H12 !
MAIS ! VOUS AVEZ DORMI AVEC LE MORT !!!
!?!
HEU... BEN OUI !
JE VOULAIS ÊTRE SÛR QU'IL N'ARRIVE RIEN AU MATELAS...
IL A TOUTES SES ÉCONOMIES DEDANS ET J'AI DE TRÈS BONS PLACEMENTS À VOUS PROPOSER !
VOICI MA CARTE !
?!
TAP TAP
MILLER / PERCHE

Happy Birthday

L'Erreur

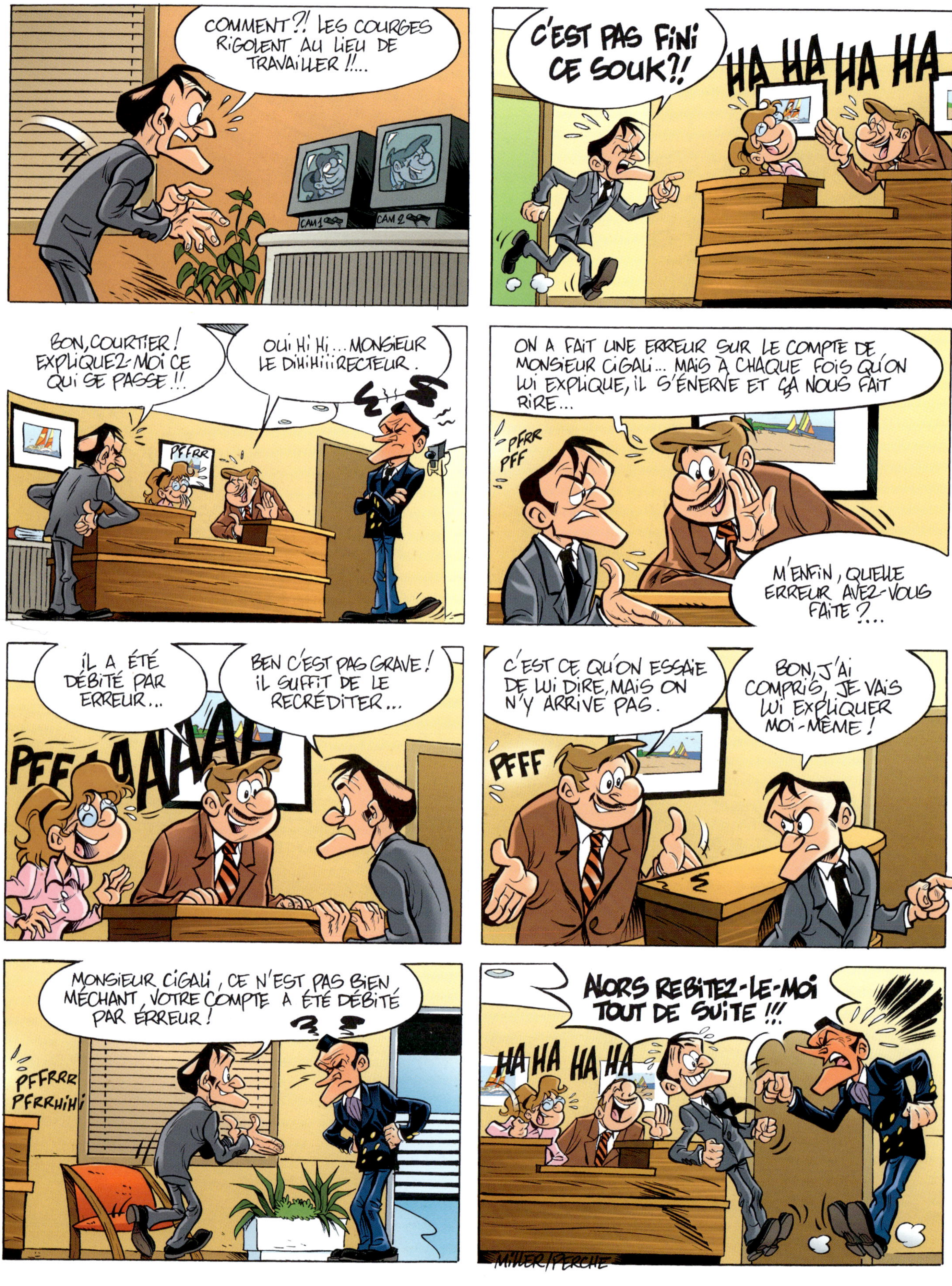

COMMENT ?! LES COURGES RIGOLENT AU LIEU DE TRAVAILLER !!...
CAM 1
CAM 2
C'EST PAS FINI CE SOUK ?!
HA HA HA HA
BON, COURTIER ! EXPLIQUEZ-MOI CE QUI SE PASSE !!
OUI HI HI... MONSIEUR LE DIHIHIIIIRECTEUR.
PFFRR
ON A FAIT UNE ERREUR SUR LE COMPTE DE MONSIEUR CIGALI... MAIS À CHAQUE FOIS QU'ON LUI EXPLIQUE, IL S'ÉNERVE ET ÇA NOUS FAIT RIRE...
PFRR PFF
M'ENFIN, QUELLE ERREUR AVEZ-VOUS FAITE ?...
IL A ÉTÉ DÉBITÉ PAR ERREUR...
BEN C'EST PAS GRAVE ! IL SUFFIT DE LE RECRÉDITER...
PFF AAAAH
C'EST CE QU'ON ESSAIE DE LUI DIRE, MAIS ON N'Y ARRIVE PAS.
BON, J'AI COMPRIS, JE VAIS LUI EXPLIQUER MOI-MÊME !
PFFF
MONSIEUR CIGALI, CE N'EST PAS BIEN MÉCHANT, VOTRE COMPTE A ÉTÉ DÉBITÉ PAR ERREUR !
PFFRRR PFRRHIHI
ALORS REBITEZ-LE-MOI TOUT DE SUITE !!!
HA HA HA HA
MILLER/PERCHE

Le pouvoir de dire oui

ET PRENEZ SOIN DE MON ANCIENNE VOITURE... VOUS VERREZ, UNE "LADAR", C'EST INCREVABLE !...
LADAR INOVAR
Jack 62
MILLER/PERCHE

BON, LES COURGES, VOTRE ATTENTION S'IL VOUS PLAÎT! NOUS AVONS AUJOURD'HUI LE PLAISIR D'ACCUEILLIR ÉDOUARD DE LORETTE, RESPONSABLE MARKETING À NOTRE SIÈGE SOCIAL.
MONSIEUR DE LORETTE EST CHARGÉ PAR NOTRE DIRECTEUR GÉNÉRAL DE NOUS PRÉSENTER UN NOUVEL OUTIL QUI NOUS PERMETTRA DE GAGNER EN EFFICACITÉ COMMERCIALE, LA SEGMENTATION COMPORTEMENTALE!
MERCI MONSIEUR LE DIRECTEUR; JE VAIS ESSAYER DE VOUS PRÉSENTER SIMPLEMENT, AVEC DES MOTS QUE MÊME LES COMMERCIAUX PEUVENT COMPRENDRE, CET OUTIL QUI VA VOUS RÉVOLUTIONNER LA VENTE!..
AUJOURD'HUI, SAVOIR VENDRE NE SUFFIT PLUS; IL CONVIENT DE SAVOIR "BIEN" VENDRE. VENDRE LE "BON" PRODUIT AU "BON" MOMENT AU "BON" CLIENT...
SEGMENTATION COMPORTEMENTALE DES CLIENTS PARTICULIERS.
ÉPARGNE
S6
ACTIVITÉ –
S3
S1
S2
S5
ACTIVITÉ +
CRÉDIT
©E. D. LORETTE DÉPARTEMENT MARKETING
... ET REPÉRER LE BON CLIENT, C'EST À CELA QUE SERT LA SEGMENTATION COMPORTEMENTALE!..
CE QUE VOUS VOYEZ ICI RÉSULTE D'ALGORITHMES EXTRAORDINAIREMENT COMPLIQUÉS UTILISANT DES VARIABLES DISCRIMINANTES QUALITATIVES ET RÉGRESSIVES PERMETTANT UN RÉSULTAT SIMPLE...
TOUS LES CLIENTS DE MÊME COMPORTEMENT BANCAIRE ONT ÉTÉ REGROUPÉS ET CODIFIÉS DANS NOS FICHIERS...
...LES ÉPARGNANTS ONT UN CODE 6, LES FLAMBEURS UN CODE 5, LES INFIDÈLES UN CODE 7, ETC.
VOUS L'AVEZ COMPRIS, NOUS AVONS RÉUSSI À OBTENIR UNE PHOTO TRÈS FIDÈLE DE NOTRE CLIENTÈLE...

ALORS, À QUOI SERT CET OUTIL ? C'EST EXTRÊMEMENT SIMPLE...
...SI VOUS DEVEZ VENDRE DE L'ÉPARGNE, ALORS VOUS CIBLEZ LES CLIENTS À PROFIL ÉPARGNANTS, C'EST-À-DIRE QUI ONT DE L'ARGENT...
C'EST ÇA LE MARKETING ?
OUI, C'EST PUISSANT !
SI VOUS DEVEZ VENDRE DU CRÉDIT, ADRESSEZ-VOUS AUX CLIENTS CODE 4, C'EST-À-DIRE, LES CLIENTS QUI N'ONT PAS BEAUCOUP D'ARGENT MAIS QUI SONT SÉRIEUX...
MAIS ATTENTION, ÉVITEZ LES CODES 5 OU FLAMBEURS OU SURENDETTÉS !.. C'EST TRÈS IMPORTANT !
SURPUISSANT, TU VEUX DIRE.
VOILÀ, IL ME RESTE À CONCLURE EN VOUS RAPPELANT NOTRE CREDO AU MARKETING : "NOTRE RAISON DE VIVRE SONT NOS CLIENTS" !
ET JE M'ENGAGE DEVANT VOUS ET DEVANT DIEU POUR QUE CE CREDO SOIT TOUJOURS SUIVI PAR MON ÉQUIPE : "NOTRE RAISON DE VIVRE SONT NOS CLIENTS !!" MERCI DE VOTRE ATTENTION.
BIEN. MERCI MONSIEUR DE LORETTE. VOUS POUVEZ ALLER TRAVAILLER LES COURGES !
BRILLANT EXPOSÉ. JE SUIS SÛR QUE CET OUTIL NOUS AIDERA À MIEUX COMPRENDRE ET CERNER NOS CLIENTS !
C'EST EXACTEMENT DANS CE BUT QUE JE L'AI CRÉÉ... POUR RENDRE FINALEMENT SERVICE À NOS CLIENTS.
DITES-MOI, MON BON MANFRED, QUI SONT TOUS CES GENS ?!
BEN, DES CLIENTS !...
MON DIEU, ÇA RESSEMBLE DONC À ÇA !!...
MILLER/PERCHE

La Force du Conseil

Le Devin

MILLER/PERCHE

DONC, AVENANT, TOUS LES SOIRS, APRÈS LA FERMETURE DE L'AGENCE AU PUBLIC, TU DOIS FAIRE L'ARRÊTÉ DE CAISSE.
EN FAIT, JE RAPPROCHE LE TOTAL DE MES BORDEREAUX DES RETRAITS D'ESPÈCES PAR LES CLIENTS AVEC L'ARGENT QUE J'AVAIS EN CAISSE LE MATIN...
EXACTEMENT. MAIS ATTENTION, TA CAISSE DOIT ÊTRE ÉQUILIBRÉE ! SINON, TU DOIS FAIRE SIGNER AU CHEF TON ERREUR DE CAISSE.
GNOUP
BEN... HEU... LÀ JUSTEMENT, J'AI PAS LE MÊME MONTANT...
MON PAUVRE VIEUX... IL FAUT QUE T'AILLES LE SIGNALER AU CHEF ET QU'IL FASSE UNE PERTE EN COMPTABILITÉ.
AVANT, JE VAIS TE DONNER UN CONSEIL POUR TON ENTRETIEN AVEC LE CHEF.
AH OUAIS, JE VEUX BIEN !
PRENDS UNE ASSURANCE-VIE !
GLOUPS
ADIEU COLLÈGUE...
MON DIEU, PAUV' GARS !
MANFRED DIRECTEUR
HEREIN !
MANFRED DIRECTEUR
BON, LES COURGES, ÉCOUTEZ-MOI ! J'AI CHARGÉ MONSIEUR AVENANT DE VOUS FORMER AUX ARRÊTÉS DE CAISSE. JE VEUX QUE TOUT LE MONDE SUIVE SES DIRECTIVES. C'EST BIEN COMPRIS ?
!
!
LÀ, FAUT QUE TU M'EXPLIQUES, AVENANT... NON SEULEMENT T'ES PAS MORT, MAIS EN PLUS T'ES PAS LOIN DE PRENDRE DU GALON !
L'ERREUR DE CAISSE ÉTAIT EN NOTRE FAVEUR !
MILLER/PERCHE

Morphine

ALORS, MARTIN GILLES, C'EST PAS ÇA... MARTIN ÉDOUARD, PAS ÇA NON PLUS... MARTIN SIMON... NON... AH, LE VOILÀ : MARTIN LAURENT !
TAP TAP
ET TIENS, PRENDS ÇA !
TAP
LE LENDEMAIN...
LE DIRECTEUR, JE VEUX VOIR LE DIRECTEUR !
!
CARTE Crédit
DOCTEUR MARTIN, QUELLE JOIE DE VOUS VOIR !
C'EST PAS PARTAGÉ, MANFRED, QU'EST-CE QUE C'EST QUE CE BINZ ?! MON COMPTE EST BLOQUÉ, JE NE PEUX PLUS FAIRE DE CHÈQUES !
AH, VOUS M'ÉTONNEZ, DOCTEUR. ÇA DOIT ÊTRE UNE ERREUR... QUI S'OCCUPE DE VOUS HABITUELLEMENT ?
C'EST COURTIER QUI SUIT MON COMPTE...
OH ! JE SUIS DÉSOLÉ, DOCTEUR MARTIN, MAIS MONSIEUR COURTIER EST EN ARRÊT MALADIE. IL NE SERA PAS DISPONIBLE AVANT 1 MOIS.
!!
MALHEUREUSEMENT, ON EST EN SOUS-EFFECTIF. JE N'ARRIVE PLUS À ORGANISER L'ACTIVITÉ DE L'AGENCE. J'AI BIEN PEUR QU'IL NE FAILLE ATTENDRE SON RETOUR.
ÇA VA, J'AI COMPRIS... ÇA NE SE PASSERA PAS COMME ÇA. JE NE VOUS SALUE PAS !
LE SURLENDEMAIN...
EH BIEN, COURTIER, VOUS NE DEVIEZ PAS ÊTRE ARRÊTÉ PENDANT 1 MOIS ?
BEN SI, MAIS MON TOUBIB, LE Dr MARTIN, M'A DIT QUE J'ÉTAIS GUÉRI...
MÜLLER/PERCHE

Passe-temps

C'EST PEINARD, LES JOURS OÙ LA FRANCE JOUE EN COUPE DU MONDE, Y'A JAMAIS PERSONNE...
ZZZ
OUAIS... BON, AU LIEU DE CAUSER, BATS LES CARTES ! Y'A UNE TOURNÉE EN JEU.
DANS LA FAMILLE MARTIN, JE DEMANDE LE PÈRE !
QUEL BOL TU AS ! TIENS.
DANS LA FAMILLE TANTALE, JE DEMANDE LA GRAND-MÈRE...
HA HA, PIOCHE !
ET UNE FAMILLE, UNE !
HA HA, ENCORE UNE CARTE ET J'AI GAGNÉ !
HEM !
AU FAIT, OÙ EST LE CHEF ?
COMME TOUS LES JOURS DE MATCH, IL EST EN RENDEZ-VOUS EXTÉRIEUR.
CETTE FOIS, LA TOURNÉE VA ÊTRE POUR MOI !!
BONJOUR DOCTEUR MARTIN !
TENEZ.
JE VAIS VOUS LA CHERCHER.
DANS LA FAMILLE MARTIN, JE DEMANDE LE FILS !
DÉGOÛTÉ !
MERCI...
VOILÀ, DOCTEUR MARTIN, VOTRE NOUVELLE CARTE BANCAIRE...

S.O.S plomberie

Infidélité

C'EST VOUS LE DIRECTEUR ?
OUI, QUE PUIS-JE POUR VOUS, MADAME ?
POINT CHÈQUES
QU'EST-CE QUE VOUS LISEZ SUR L'EXTRAIT DE COMPTE DE MON MARI ?
"RAPID BED HÔTEL" POUR UN MONTANT DE 35 € EN DATE DU 17 DERNIER...
ÇA VEUT DIRE QU'IL A PAYÉ L'HÔTEL AVEC SA CARTE BANCAIRE ?
OUI, ET ALORS ?
ALORS, J'ÉTAIS CHEZ MA MÈRE LE 17 DERNIER !
POINT CHÈQUES
HOUPS, JE SUIS DÉSOLÉ, MADAME !...
NE LE SOYEZ PAS, C'EST ENFIN LA PREUVE QUE J'ATTENDAIS POUR DIVORCER.
AH !
JE VAIS ENFIN LUI FAIRE CRACHER SES MILLIONS, À CE SALAUD !
TEUTEUTEUTEU...
ÇA M'ÉTONNERAIT, MADAME, IL N'A PAS UN SOU VAILLANT, ET JE SUIS BIEN PLACÉ POUR LE SAVOIR, JE GÈRE SON COMPTE !...
HA HA HA ! PARCE QUE VOUS PENSIEZ QUE VOUS ÉTIEZ SON SEUL BANQUIER ? VOUS VOYEZ, CET HOMME N'EST FIDÈLE À PERSONNE !
ÇA VA PAS, CHEF ?
COCU... JE SUIS COCU... BOUH...
TAP TAP
MILLER/PERCHE

MONSIEUR MANFRED! IL A APPELÉ, IL VEUT VOUS VOIR IMMÉDIATEMENT... VOUS AVEZ 1 HEURE!
LE DIRECTEUR GÉNÉRAL! SAINT DOW JONES! J'Y VAIS TOUT DE SUITE!
WINDOSE
ET, 1 HEURE ET 110 KM PLUS TARD, AU SIÈGE SOCIAL...
MONSIEUR LE DIRECTEUR GÉNÉRAL M'A DEMANDÉ... JE SUIS MONSIEUR MANFRED, DIRECTEUR DE NOTRE AGENCE D'AUBERCHICOURT.
!!
IL VOUS A CONVOQUÉ ?...VOUS, UN SIMPLE DIRECTEUR? BON, JE VAIS VOIR S'IL PEUT VOUS RECEVOIR...
JE SALUE MONSIEUR LE DIRECTEUR GÉNÉRAL. MONSIEUR LE DIRECTEUR GÉNÉRAL M'A FAIT DEMANDER?
AH MON BON MANFRED, MON FIDÈLE ÉCUYER! NOUS SOMMES HEUREUX DE CONSTATER QUE VOUS AVEZ FAIT DILIGENCE!
QUE PUIS-JE POUR VOUS, MONSIEUR LE DIRECTEUR GÉNÉRAL?
NOUS VOUS AVONS DEMANDÉ DE VENIR, CAR NOUS AVONS ENVIE DE JOUER AU TENNIS, MANFRED.
!?
BRAVO, BRAVO, MAGNIFIQUE, MONSIEUR LE DIRECTEUR GÉNÉRAL!
HAN
CHTOÏNG
CLAP CLAP
POK
POK
ATTENTION, MANFRED, BALLE DE MATCH CONTRE VOUS!
C'EST NORMAL, VOUS JOUEZ SI BIEN!...
JEU, SET, ET MATCH 6/0 6/0!
VOUS ÊTES TROP FORT, VOTRE SEIGNEURIE!
CHTOÏNG
CLAP CLAP CLAP
POK
POK
VOUS NE PRENEZ PAS DE DOUCHE, MONSIEUR LE DIRECTEUR GÉNÉRAL?
DANS DES DOUCHES COMMUNES, VOUS N'Y PENSEZ PAS! NON, NOUS PRÉFÉRONS NOUS RENDRE DANS NOTRE CENTRE DE THALASSOTHÉRAPIE. NOUS VOUS REMERCIONS, MANFRED, CAR VOUS NOUS AVEZ BIEN DIVERTI... AU REVOIR, FAQUIN...

LE LENDEMAIN, À AUBERCHICOURT...
C'EST SYMPA DE BIEN VOULOIR JOUER AU TENNIS AVEC MOI, MONSIEUR LE DIRECTEUR.
BAH, C'EST NORMAL QU'UN CHEF ACCORDE UN PEU DE TEMPS À SES SUBALTERNES !
HAN
DOUBLE FAUTE !
CHTOING
POK
IL ME SEMBLE POURTANT L'AVOIR VUE DANS LE CARRÉ DE SERVICE, MONSIEUR LE DIRECTEUR...
"ARTICLE 1, LE CHEF A TOUJOURS RAISON... ARTICLE 2, SI LE CHEF A TORT, SE REPORTER À L'ARTICLE 1 !"
AH BON ?
ALLONS, COURTIER, DITES-VOUS QUE SI JE SUIS VOTRE SUPÉRIEUR, C'EST QU'IL Y A DES RAISONS. JE VOIS MIEUX, JE SUIS PLUS RAPIDE QUE VOUS, JE SUIS PLUS INTELLIGENT AUSSI...
HAN
FAUTE ! JEU, SET ET MATCH, MANFRED !
CHTOING
PÔK
BEN VOUS M'AVEZ MIS UNE ROUSTE, MONSIEUR LE DIRECTEUR !
ALLONS ALLONS, MON PETIT, JE VOUS SUIS SUPÉRIEUR EN TOUT, C'EST POUR ÇA QUE VOUS ÊTES SOUS MA RESPONSABILITÉ.
VESTIAIRES
C'EST VRAI QUE VOUS M'ÊTES SUPÉRIEUR EN BEAUCOUP DE CHOSES, MONSIEUR LE DIRECTEUR...
SAINT DOW JONES ! MAIS C'EST ÉNORME !!...
BEN VOUS PRENEZ PAS DE DOUCHE, MONSIEUR LE DIRECTEUR ?
GNAN ... TROP COMMUN CES DE DOUCHES COMMUNES ... VAIS EN THALASSO, C'EST MIEUX !...
MILLER / PERCHE

Accroc !

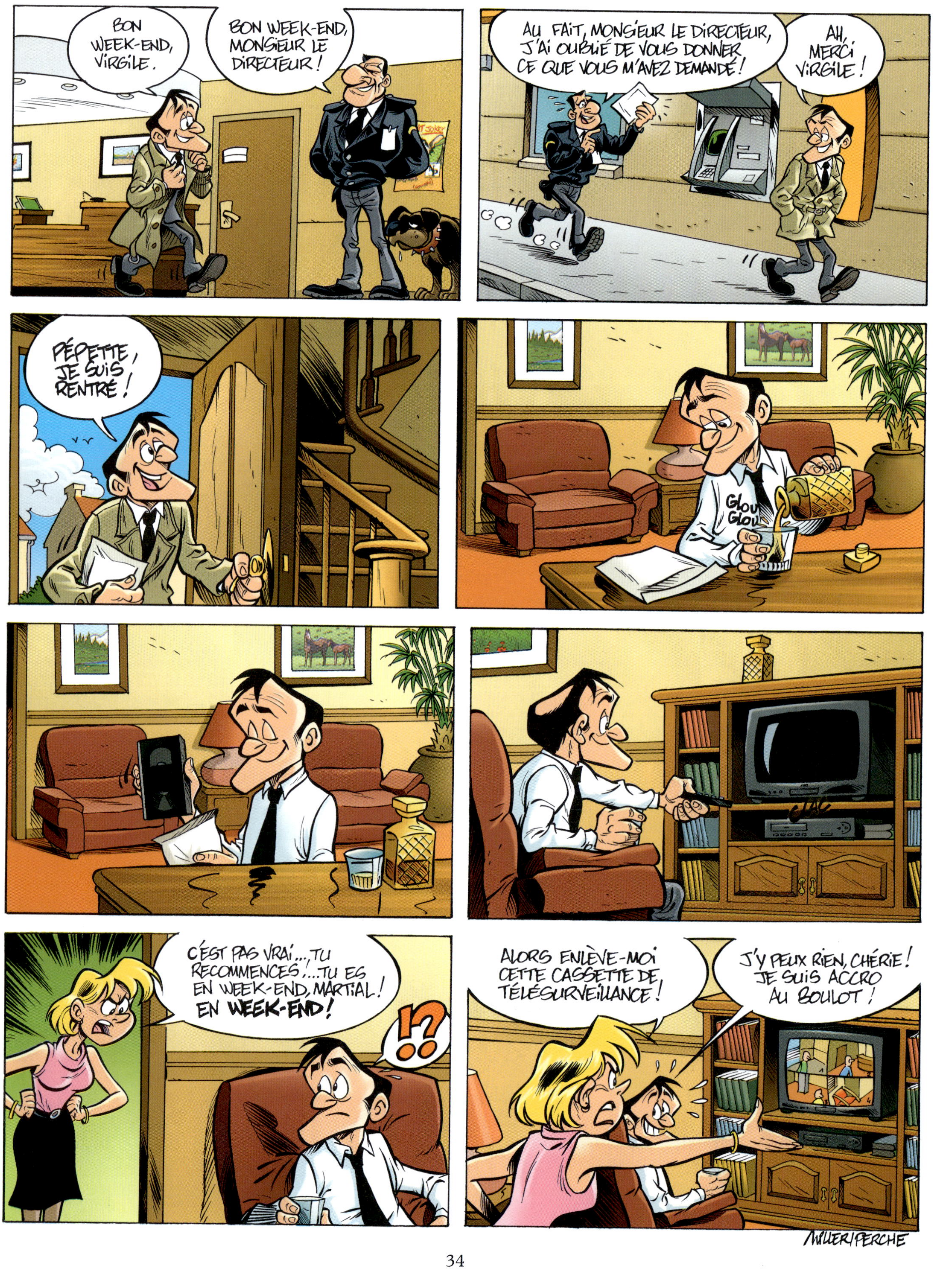

BON WEEK-END, VIRGILE.
BON WEEK-END, MONSIEUR LE DIRECTEUR !
AU FAIT, MONSIEUR LE DIRECTEUR, J'AI OUBLIÉ DE VOUS DONNER CE QUE VOUS M'AVEZ DEMANDÉ !
AH, MERCI VIRGILE !
PÉPETTE, JE SUIS RENTRÉ !
Glou Glou
C'EST PAS VRAI..., TU RECOMMENCES !... TU ES EN WEEK-END, MARTIAL ! EN WEEK-END !
!?
ALORS ENLÈVE-MOI CETTE CASSETTE DE TÉLÉSURVEILLANCE !
J'Y PEUX RIEN, CHÉRIE ! JE SUIS ACCRO AU BOULOT !
MILLER/PERCHE

Le Roi de l'observation

Vivre avec son temps

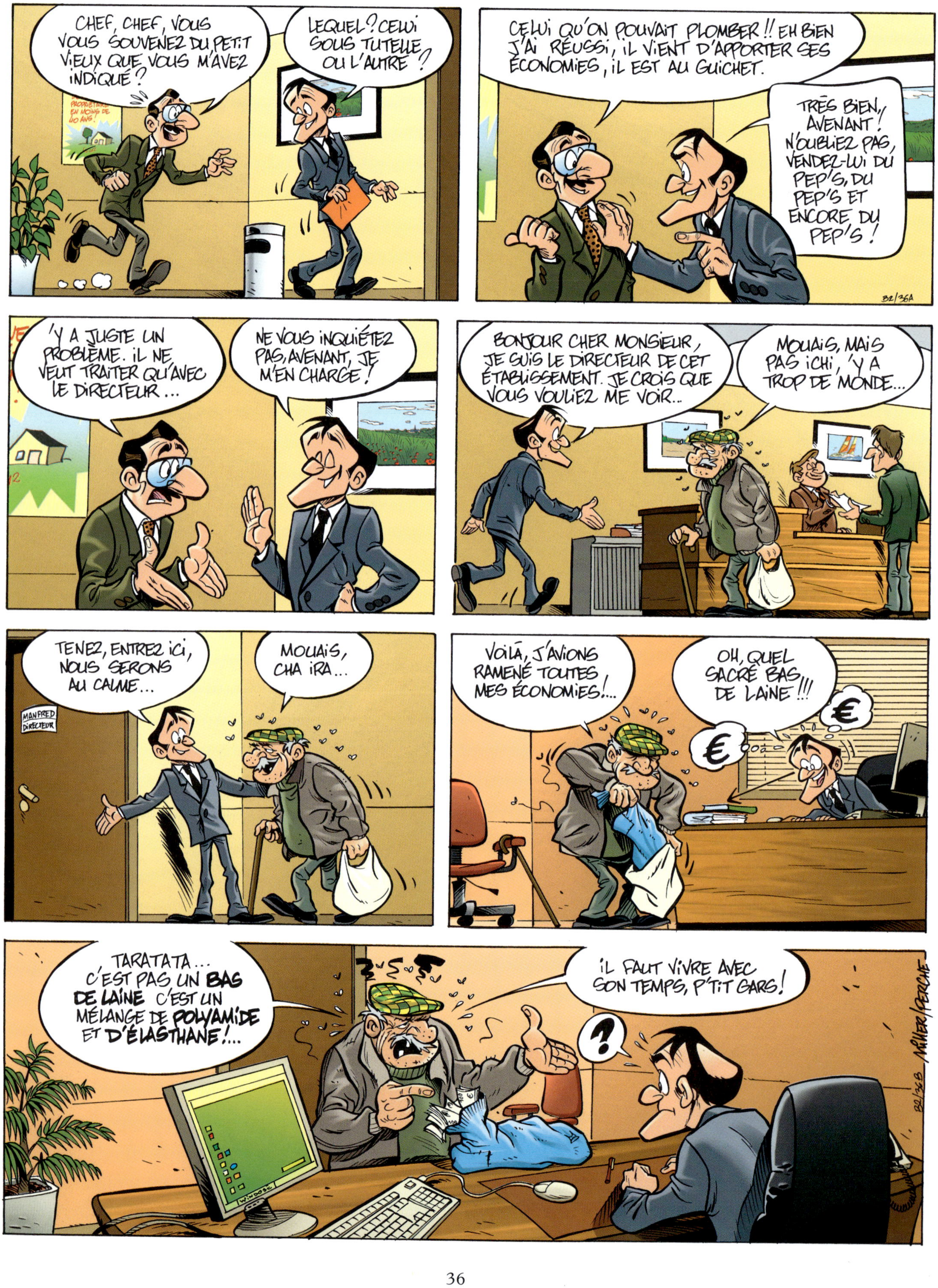

Ciblage efficace

rédit National d
QUEL EST VOTRE SECRET, MANFRED, POUR AVOIR EU DES CRÉDITS POUR VOS TRAVAUX !? DEPUIS 2 ANS, TOUS LES BUDGETS TRAVAUX SONT REJETÉS AFIN D'AMÉLIORER LE RATIO DE PRODUCTIVITÉ !
OH, C'EST UNE LONGUE HISTOIRE...
...IL Y A 3 MOIS, JE FUS CONVOQUÉ PAR LE DIRECTEUR GÉNÉRAL.
J'AI RENDEZ-VOUS AVEC MONSIEUR LE DIRECTEUR GÉNÉRAL...
IL VA VOUS RECEVOIR DANS UNE MINUTE, LE TEMPS QUE LE CHEF DU PERSONNEL TERMINE SON ANALYSE DE SELLES !
NOUS VOUS AVONS APPELÉ, CAR NOUS SOMMES PRÉOCCUPÉS !
AÏLLAÏLLE... ÇA SENT L'EXIL OU LA MUTATION, ÇA !
JADIS VOUS FÛTES UN DE NOS PLUS FRINGANTS CHEVALIERS DÉFENDANT NOTRE PRODUIT NET BANCAIRE À GRANDS COUPS DE CAMPAGNE COMMERCIALE.
FORCE EST DE CONSTATER QUE VOS RÉSULTATS SE DÉGRADENT, MANFRED, ALORS, QUE SE PASSE-T-IL ?
JE VOUS ASSURE, MONSIEUR LE DIRECTEUR GÉNÉRAL, QUE JE N'AI PAS CHANGÉ ! IL Y A QUE L'ANGLAIS A DÉBARQUÉ À AUBERCHICOURT !
AGENCE D'AUBERCHICOURT
QUID !? L'ANGLOIS ATTAQUE NOS CASTELS ET NUL NE M'EN PARLE ?
SI FAIT, MONSEIGNEUR, LA "BRINKSLEY TRADE BANK" S'EST INSTALLÉE À CÔTÉ DE NOTRE AGENCE ET J'EN AVAIS POURTANT AVERTI LE SIÈGE SOCIAL...
RÈGLE N° 1, TOUTE ERREUR INCOMBE AU SIÈGE SOCIAL.
PALSAMBLEU ! QU'ON PRÉPARE PROMPTEMENT MON ATTELAGE... QUE JE ME RENDOIE SUR PLACE !

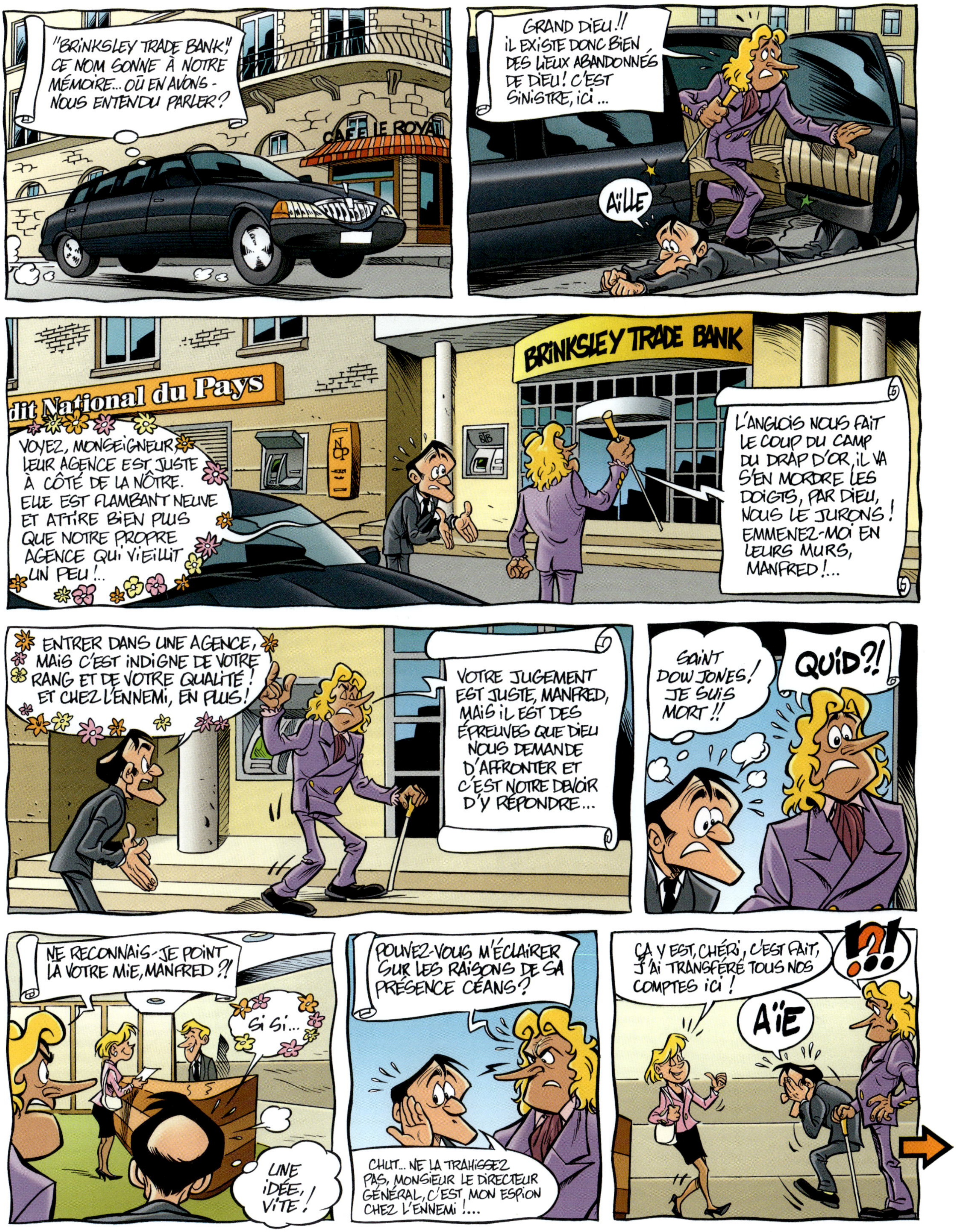
"BRINKSLEY TRADE BANK"! CE NOM SONNE À NOTRE MÉMOIRE... OÙ EN AVONS-NOUS ENTENDU PARLER ?
CAFÉ LE ROYAL
GRAND DIEU !! IL EXISTE DONC BIEN DES LIEUX ABANDONNÉS DE DIEU ! C'EST SINISTRE, ICI...
AÏLLE
BRINKSLEY TRADE BANK
dit National du Pays
VOYEZ, MONSEIGNEUR, LEUR AGENCE EST JUSTE À CÔTÉ DE LA NÔTRE. ELLE EST FLAMBANT NEUVE ET ATTIRE BIEN PLUS QUE NOTRE PROPRE AGENCE QUI VIEILLIT UN PEU !...
L'ANGLOIS NOUS FAIT LE COUP DU CAMP DU DRAP D'OR, IL VA S'EN MORDRE LES DOIGTS, PAR DIEU, NOUS LE JURONS ! EMMENEZ-MOI EN LEURS MURS, MANFRED !...
ENTRER DANS UNE AGENCE, MAIS C'EST INDIGNE DE VOTRE RANG ET DE VOTRE QUALITÉ ! ET CHEZ L'ENNEMI, EN PLUS !
VOTRE JUGEMENT EST JUSTE, MANFRED, MAIS IL EST DES ÉPREUVES QUE DIEU NOUS DEMANDE D'AFFRONTER ET C'EST NOTRE DEVOIR D'Y RÉPONDRE...
SAINT DOW JONES ! JE SUIS MORT !!
QUID ?!
NE RECONNAIS-JE POINT LA VOTRE MIE, MANFRED ?!
SI SI...
UNE IDÉE, VITE !
POUVEZ-VOUS M'ÉCLAIRER SUR LES RAISONS DE SA PRÉSENCE CÉANS ?
CHUT... NE LA TRAHISSEZ PAS, MONSIEUR LE DIRECTEUR GÉNÉRAL, C'EST MON ESPION CHEZ L'ENNEMI !...
ÇA Y EST, CHÉRI, C'EST FAIT, J'AI TRANSFÉRÉ TOUS NOS COMPTES ICI !
!?!
AÏE

⊕ VOICI UN MOYEN UN PEU ÉCULÉ MAIS TOUJOURS AUSSI REDOUTABLEMENT EFFICACE POUR VOUS ORIENTER VERS LE TOME 1.

MAIS, MA MIE, VOUS ME PROMÎTES DE NE JAMAIS PORTER NUISANCE À MON ROYAUME !
C'EST VRAI, MON AMI, MAIS J'AI RESSENTI LE BESOIN DE REVENIR SUR LES LIEUX OÙ NOUS NOUS SOMMES CONNUS... ET JE NE POUVAIS DÉCEMMENT PAS RACHETER L'AGENCE DE MANFRED !
EN PLUS, NOUS AVIONS BESOIN D'UN LIEU POUR ABRITER NOS BIENS, ET J'AI LA JOIE DE T'ANNONCER QUE NOUS SOMMES LES UNIQUES LOCATAIRES DE LA SALLE DES COFFRES...
...À TITRE GRACIEUX, ÇA VA DE SOI !
GGGH
HO HO !
DITES, MONSEIGNEUR, C'EST PAS JOLI JOLI, ÇA !
MMH ?
OUI BON, IL SUFFIT, MANFRED, IL SUFFIT...
HÉ HÉ
PARTONS, MAINTENANT !...
MANFRED, JE NE VOUS RAPPELLERAI PAS VOTRE DEVOIR D'ALLÉGEANCE, MAIS DEMANDEZ ET VOUS OBTIENDREZ...
HÉ HÉ
VOILÀ COMMENT J'AI EU MES TRAVAUX, UNE AUGMENTATION, ET COMMENT JE FUS DÉCORÉ DE L'ORDRE DE L'EMPLOYÉ DU MOIS !...
BEN MON COCHON !...
MILLER/PERCHE

Soldons, soldons!

Le Rebelle

RÉUNION DES CADRES DU CRÉDIT NATIONAL DU PAYS.
MON DIEU... PARFOIS, J'AI L'IMPRESSION QUE NOUS SOMMES TOUS DES CLONES ! HEUREUSEMENT QUE JE SUIS UN REBELLE !
JE PENSE QUE L'EURIBOR NE VA PAS TARDER À SE REDRESSER...
ÇA DÉPEND SI L'EURONEX INDEXÉ SUR LE DYNATOP 25 POURSUIT UNE CROISSANCE MESURÉE MAIS CONTINUE DANS LE TEMPS. LES MARCHÉS POURRAIENT ALORS RÉAGIR POSITIVEMENT !..
PFOU... CES RÉUNIONS SONT ASSOMMANTES...
ENFIN ! ENFIN UN ÊTRE HUMAIN QUI DIFFÈRE DE TOUS CES CLONES !
VOUS AUSSI VOUS ÊTES UN REBELLE, N'EST-CE PAS ?
PARDON ?!
BEN OUI, VOUS ÊTES UN REBELLE, JE VOUS AI RECONNU À VOTRE CRAVATE, ELLE NE RESSEMBLE À AUCUNE DES CRAVATES DE NOS COLLÈGUES !
MAIS ENFIN, ELLE EST TRÈS BIEN MA CRAVATE ! C'EST UNE "GUCCI", LA MARQUE PRÉCONISÉE PAR NOTRE DIRECTEUR GÉNÉRAL !
AH BON... BEN DÉSOLÉ, JE CROYAIS !
C'EST PAS GRAVE. MAIS POURQUOI DITES-VOUS QUE VOUS ÊTES UN BANQUIER REBELLE ?
PARCE QUE JE NE FAIS JAMAIS MES COMPTES...
INCROYABLE !...
MILLER/PERCHE

Le Bambouleur

SAINT DOW JONES ! MON CRÂNE ! PFIUU ... JE R'SEMBLE AU PALAIS BRONGNIART UN JOUR DE KRACH BOURSIER ...
SUPER SOIRÉE, HEIN MARTIAL ! MAIS FAUT PAS QU'IL Y AIT DE LENDEMAIN...
MARTIAL ?!
BEN OUI, TU M'AS DEMANDÉ DE T'APPELER MARTIAL HIER À 4 HEURES DU MATIN.
MONSIEUR COURTIER, HIER C'ÉTAIT HIER, ET AUJOURD'HUI MON PRÉNOM C'EST "MONSIEUR LE DIRECTEUR", VOUS AVEZ BIEN COMPRIS ?
BIEN, MONSIEUR LE DIRECTEUR... À PROPOS, VOICI MA NOTE DE FRAIS POUR QUE, COMME CONVENU, JE PUISSE ÊTRE REMBOURSÉ...
LA VACHE ! 860 €UROS ! VOUS N'Y ÊTES PAS ALLÉ DE MAIN MORTE, COURTIER...
ET POURQUOI JE VOUS LA PASSERAIS, CETTE NOTE DE FRAIS, APRÈS TOUT ?...
!...
ALLEZ, JE DÉCONNAIS, COURTIER... CE QUI EST DIT EST DIT ! 860 €UROS, C'ÉTAIT UN COUP À REVOIR MAÎTRE LAURENT DAVID, HEIN, COURTIER ?
OUF. MERCI CHEF !
C'EST VRAI QUE 860 €UROS, ON N'Y EST PAS ALLÉS DE MAIN MORTE ! AU FAIT CHEF, VOUS POURRIEZ ME FILER UNE ASPIRINE, PARCE QUE JE CROIS QUE MA TÊTE VA EXPLOSER !
ÉCOUTEZ, ÇA M'ENNUIE UN PEU. CE SONT MES CACHETS PERSONNELS... ÇA COÛTE CHER...
S'IL VOUS PLAÎT, PATRON, PROMIS, JE VOUS LE RENDRAI...
BON, OK. MAIS JE PRÉFÈRE QUE VOUS ME L'ACHETIEZ... 0,5 €URO, S'IL VOUS PLAÎT, COURTIER.
...
DEVENEZ PROPRIÉTAIRE EN MOINS DE 20 ANS !
MILLER/PERCHE

La Classe

BON WEEK-END, VIRGILE !
BON WEEK-END, MONSIEUR LE DIRECTEUR !
PHARMACIE
Fourrure
OH, CHÉRI !... J'AIMERAIS TELLEMENT AVOIR UNE SI JOLIE FOURRURE !...
'Y AURAIT BIEN UN MOYEN...
C'EST VRAI ?!
OUI...
...ARRÊTE DE TE FAIRE ÉPILER !
MILLER/PERCHE

L'Humaniste

MONSIEUR LE DIRECTEUR, MADAME SECQ VOUDRAIT VOUS VOIR...
C'EST QUI, ÇA ?
TERMINATOR
C'EST LA DAME CHEZ QUI VOUS AVEZ ENVOYÉ L'HUISSIER POUR IMPAYÉS...
'M'EN SOUVIENS PLUS... BON, FAITES-LA ENTRER...
MONSIEUR LE DIRECTEUR, PITIÉ !! DITES À L'HUISSIER DE ME RENDRE MES MEUBLES, NOUS N'AVONS PLUS RIEN, PITIÉ !!...
MONSIEUR, JE VIENS DE PERDRE MON MARI. IL ME LAISSE SEULE AVEC 5 ENFANTS, SANS RESSOURCES...
... JE N'ARRIVE PAS ENCORE À JOINDRE LES DEUX BOUTS. J'AI LA VOLONTÉ DE M'EN SORTIR, MAIS...
...SI VOUS NOUS COUPEZ LES VIVRES, ON NE PEUT PLUS Y ARRIVER... PENSEZ À MES ENFANTS, MONSIEUR...
SNIF
PITIÉ, PITIÉ POUR MES 5 ENFANTS... FAITES QUELQUE CHOSE S'IL VOUS PLAÎT !.. JE N'AI PLUS RIEN...
BON, VOUS M'AVEZ ÉMU. JE VAIS DONC FAIRE UN GESTE POUR VOS ENFANTS. ON NE PEUT PAS LES PRIVER DE CONFORT...
C'EST VRAI ? VOUS ALLEZ FAIRE QUELQUE CHOSE ?
PTIOU PTIOU
ET SANS ATTENDRE !.. LES PAUVRES CHÉRIS...
ALLÔ ! L'ASSISTANCE PUBLIQUE...
MILLER/PERCHE

L'humaniste revient